REVUE

DES

SCIENCES POLITIQUES

Publiée avec la collaboration des professeurs et des anciens élèves
de l'École libre des Sciences politiques.

PARAISSANT TOUS LES DEUX MOIS

TROISIÈME SÉRIE. — TRENTE-DEUXIÈME ANNÉE

TOME XXXVII. — I. 15 FÉVRIER 1917.

EXTRAIT

V. — AFRIQUE ÉQUATORIALE FRANÇAISE

PAR

G. REGELSPERGER

LIBRAIRIE FÉLIX ALCAN

108, BOULEVARD SAINT-GERMAIN, PARIS

V. — AFRIQUE ÉQUATORIALE FRANÇAISE

L'Afrique Équatoriale Française, colonie à laquelle d'abondantes ressources naturelles réservent de la façon la plus certaine un avenir éminemment prospère, a vu jusqu'ici son évolution constamment retardée par un ensemble de circonstances défavorables. La guerre est venue lui porter un nouveau coup, mais les événements lui préparent un brillant réveil à l'issue des hostilités.

La colonie avait eu pour origine première les stations créées durant les années 1839 et suivantes sur la côte du Gabon, et ce furent plus tard les explorateurs qui, en s'efforçant de pénétrer à l'intérieur, jetèrent les bases de notre installation dans ces régions. L'un d'eux, de Brazza, joua un rôle particulièrement prépondérant, et c'est à son initiative, put-on dire justement, que la France dut la conquête du Congo.

Mais on n'avait pas mis de suite à profit, comme on aurait dû le faire, la situation acquise, et ce fut encore à l'intervention individuelle que l'on dut, après une période d'inaction, une nouvelle poussée qui amena l'achèvement de la conquête, grâce à des missions comme celles de Mizon, Fourneau, Crampel, Dybowski, Gentil, Foureau-Lamy, et aussi à l'admirable effort des missions Liotard et Marchand dont les conséquences ne furent pas négligeables.

Il ne suffisait cependant pas de conquérir d'immenses territoires; ce qu'il eût fallu, c'est les organiser sans retard au fur et à mesure de leur acquisition. Malheureusement, l'Afrique Équatoriale eut à souffrir plus qu'aucune autre de nos possessions, de la lenteur et de l'insuffisance de l'effort destiné à assurer son essor. L'opinion publique et le Parlement montraient beaucoup trop d'indifférence pour les questions coloniales et, pour éviter les dépenses qu'aurait exigées la création de l'outillage économique nécessaire, on préféra abandonner de vastes étendues de territoire aux mains de grandes compagnies concessionnaires et leur laisser le soin de mettre le pays en valeur. Ce régime fut tout à fait nuisible aux progrès de la colonie.

Pendant ce temps, d'autres peuples colonisateurs s'établissant sur des territoires voisins, s'efforçaient de restreindre notre extension : Allemands au Cameroun, Belges dans le bassin du Congo, et des actes internationaux étaient venus même limiter notre liberté de taxer le mouvement des échanges commerciaux, ce qui n'existait pour aucune autre de nos colonies.

Un jour vint enfin où le Congo, trop longtemps négligé, ce « Congo méconnu », selon l'expression de l'explorateur Dybowski, put, grâce à l'organisation administrative, qui lui fut donnée par le décret du 11 février 1906, monter au rang de nos grandes unités coloniales. D'abord administré par un commissaire général du gouvernement, il le fut ensuite, depuis le décret du 26 juin 1908, par un gouverneur général. Enfin, en vertu d'un nouveau décret, en date du 15 janvier 1910, notre ancienne possession « Congo Français et dépendances » devenait l'Afrique Équatoriale Française, dénomination mieux en rapport avec son étendue géographique, et qui distinguait notre Congo de l'État indépendant du Congo, devenu le Congo Belge.

A la tête de la colonie avait été placé, dès 1908, M. Merlin qui, précédemment collaborateur de M. Roume en Afrique Occidentale Française, avait pu s'initier aux méthodes si heureusement appliquées par lui ; il sut s'en inspirer pour tracer les grandes lignes du programme à l'exécution duquel il s'est appliqué depuis avec la plus grande activité et la plus inlassable persévérance. En examinant l'état actuel de l'Afrique Équatoriale c'est l'œuvre même de M. Merlin que nous nous trouverons exposer.

L'une de ses principales préoccupations avait été d'assurer à la colonie la création de l'outillage économique qui était la condition indispensable de sa mise en valeur. Jusque-là le Congo n'avait été admis à contracter, pour travaux publics, d'autre emprunt que celui, notoirement insuffisant, de 2 millions, en 1900. M. Merlin réussit à faire aboutir le vote d'un nouvel emprunt, du chiffre de 21 millions, qui, autorisé par la loi du 12 juillet 1909, servit notamment à l'envoi de missions d'études devant préparer le programme des travaux à exécuter, mission Audoin pour l'hydrographie maritime, mission Roussilhe pour l'hydrographie fluviale, mission du capitaine Périquet pour l'étude d'un chemin de fer au nord du Gabon, mission du capitaine Mornet pour l'étude d'un chemin de fer du sud. Ces missions devaient avoir leur couronnement dans les travaux que l'on comptait entreprendre par le moyen d'un second emprunt, quand une calamité vint fondre sur la colonie alors en pleine voie d'évolution, ce fut l'abandon que la France dut consentir à l'Allemagne par la convention du 4 novembre 1911, de vastes territoires riches et productifs, représentant une superficie totale d'environ 270,000 kilomètres carrés.

Le cruel sacrifice fait par la France pour conserver la faculté d'établir son protectorat sur le Maroc, et dont le résultat avait été de morceler l'Afrique Équatoriale en trois tronçons, ne devait point arrêter les efforts commencés en 1909 pour développer l'activité économique du pays. Tout au contraire, il importait, comme l'a si bien montré M. Merlin dans son discours d'ouverture de la session de juillet 1912 du Conseil de gouvernement de l'Afrique Équatoriale, de renforcer l'occupation pour sauvegarder les parties les plus menacées de la colonie contre toute entreprise nouvelle et, par l'exécution de grands travaux, de témoigner que la France était décidée à ne plus rien sacrifier de ses intérêts dans la colonie[1]. C'est avec le plus grand zèle et l'ardeur la plus soutenue que le gouverneur général se fit l'apôtre de cette politique économique indispensable.

Le 7 août 1912 fut déposé devant le Parlement un projet de loi autorisant le gouvernement général à contracter un emprunt de 175 millions pour construction de chemins de fer, travaux d'aménagement et installations. Le vote de ce projet subit un regrettable retard et ce fut seulement la loi du 13 juillet 1914[2] qui l'autorisa en portant définitivement son chiffre à 171 millions. Peu de jours après

---

1. Gouvernement général de l'Afrique Équatoriale Française. *Emprunt de l'Afrique Equatoriale Française. Programme des travaux et projet de loi* (Paris, Em. Larose, 1913). Discours de M. Merlin, p. 1.

2. *Journal officiel*, 17 juillet 1914.

la guerre éclatait, et la mise en application de cette loi, dont l'Afrique Équatoriale devait attendre son éveil économique, se trouva fatalement suspendue par les événements.

Quoi qu'il en soit, il faut envisager l'avenir avec confiance, en ce qui concerne notre grande colonie trop délaissée jusqu'à ce jour. Elle a en mains l'instrument d'où sortira sa force et, de plus, la conquête du Cameroun allemand, à laquelle elle a pris une grande part, ouvre à son expansion des horizons nouveaux et lui prépare de brillantes destinées.

Nous nous proposons d'examiner quelle a été la répercussion de la guerre sur le sort de la colonie, en considérant successivement son état politique et le rôle militaire qu'elle a joué, sa situation administrative et financière, sa situation économique[1].

*
* *

Au point de vue politique, le plus grave événement qui ait atteint l'Afrique Équatoriale avant la guerre, a été la convention franco-allemande du 4 novembre 1911[2]; il est bon de rappeler brièvement quels sont les territoires dont la France avait été dépouillée.

Ils consistaient en deux grandes bandes qui venaient accroître le domaine du Cameroun, l'une au sud, l'autre à l'est.

Par la cession de la première, la frontière nord du Gabon se trouvait ramenée à une ligne à peu près droite qui, de la baie de Mondah, au sud de la Guinée espagnole, était prolongée à l'est jusqu'à Ouesso, au confluent de la N'Goko et de la Sangha, Ouesso étant d'ailleurs laissé à la France. Nous perdions ainsi tout le cours inférieur de la N'Goko, ainsi que le bassin supérieur de l'Ivindo, tributaire de l'Ogooué.

---

1. Sur l'état de l'Afrique Équatoriale Française dans les années qui ont précédé la guerre, on peut consulter notamment : Fernand Rouget, *L'expansion coloniale au Congo français* (Paris, E. Larose, 1906); *Annuaire du gouvernement général de l'Afrique Équatoriale Française, 1912* (Paris, E. Larose, 1912, 2 vol.); *Id.*, 1913 (Paris, E. Larose, 1913); Jean Dybowski, *Le Congo méconnu* (Paris, Hachette, 1912); Fernand Rouget, *L'Afrique Équatoriale illustrée* (Paris, E. Larose, 1913); Charles Humbert, *L'œuvre française aux colonies* (Paris, E. Larose, 1913), chap. II : L'Afrique Équatoriale, p. 41-81; Georges Bruel, *Bibliographie de l'Afrique Équatoriale Française* (Paris, E. Larose, 1914).

2. Voir les actes diplomatiques relatifs à cette négociation dans : E. Rouard de Card, *Traités de délimitation concernant l'Afrique française, Supplément, 1910-1913* (Paris, A. Pedone et J. Gamber, 1913). — Voir aussi : *L'Afrique française*, 1911.

La seconde bande, de beaucoup la plus considérable, portait à la fois, au nord sur les bassins du Logone et du Bahr-Sara, affluents du Chari, et au sud sur celui de la Sangha. Au nord, avant la convention de 1911, la frontière, qui suivait d'abord le Chari, revenait ensuite vers l'ouest, le long du dixième parallèle très en arrière du Logone, en formant ce qu'on avait appelé un « bec de canard ». Par la convention de 1911, une compensation était donnée à la France, en ce sens que l'Allemagne lui avait cédé toute la partie du « bec de canard » comprise entre le Chari et le Logone, ce qui représentait environ 15,000 kilomètres carrés seulement. Par contre, depuis le 10e parallèle, la frontière avait été reportée jusqu'au Logone. Avec la partie méridionale de cette même grande bande, c'était tout le bassin de la Sangha qui était passé en territoire allemand, son affluent la N'Goko étant en outre annexé au sud du Cameroun. Par le cours de la Sangha, l'Allemagne obtenait une antenne qui venait atteindre le Congo au confluent de la Sangha, à Bonga. Plus au nord, une autre antenne, limitée au sud par le cours de la Lobaye, allait toucher l'Oubangui à son confluent avec cette rivière. C'est par ces deux antennes que notre Afrique Équatoriale se trouvait sectionnée en trois tronçons inégaux : au nord de vastes territoires faisant suite à nos possessions de l'Afrique Occidentale; entre les deux tentacules, une enclave de faibles dimensions; au sud, le Gabon et une partie du Moyen-Congo.

Mais, malgré la gravité de cette emprise germanique, il est à noter néanmoins que notre situation économique ne se trouvait pas de ce fait compromise d'une façon irrémédiable. La convention du 4 novembre 1911, comme précédemment l'Acte de Berlin du 26 février 1885, nous avait réservé des droits importants. La France gardait pour ses chemins de fer et ses télégraphes, et même pour ses troupes, le droit de traverser en bordure du Congo et de l'Oubangui les territoires cédés à l'Allemagne. En cas d'arrêt de la navigation sur l'un ou l'autre fleuve, le passage à terre devait être accordé même sur la partie allemande de la rive. Enfin, la France obtenait des facilités pour utiliser la route de la Bénoué : enclaves et droit d'établir un chemin de fer. L'unité économique de l'Afrique Équatoriale Française n'avait pas été obtenue jusqu'à ce jour et le morcellement qui était venu aggraver encore la configuration géographique de la colonie n'était pas fait pour aider à sa réalisation, mais il importait de profiter des avantages qui nous étaient laissés ; nous devions sans tarder sauvegarder nos droits et asseoir fortement notre autorité sur nos territoires, en exécutant les grands travaux publics qui devaient assurer les communications entre toutes les parties de notre Afrique Équatoriale. La guerre nous a surpris avant que les travaux aient pu être commencés.

Il était d'autant plus nécessaire de sauvegarder et de consolider nos droits dans cette partie de l'Afrique que l'abandon fait par nous à l'Allemagne n'était à ses yeux qu'un appoint. Ses appétits coloniaux s'étaient particulièrement portés vers l'Afrique équatoriale et centrale, et le traité de 1911 n'avait été qu'un commencement d'exécution d'un vaste programme de pénétration à travers tout le continent noir[1]. Ce qu'elle rêvait, c'était d'absorber non seulement le Gabon et le Moyen-Congo, mais encore le Congo belge auquel elle venait toucher par les deux antennes enlevées à notre colonie, afin d'établir une jonction entre le Cameroun et l'Afrique Orientale allemande. La mainmise sur la colonie portugaise de l'Angola devait également aider à la réalisation du plan germanique.

Toutes les difficultés relatives aux limites franco-allemandes n'avaient d'ailleurs pas été entièrement résolues. Après les travaux faits sur place par la Commission mixte de délimitation dans laquelle la France avait été représentée avec la plus remarquable compétence par l'administrateur et ancien capitaine Périquet, les questions restées litigieuses avaient été soumises à l'examen des chancelleries.

Les Allemands avaient prétendu notamment occuper le port de Zinga, terminus de la navigation du Congo-Oubangui aux basses eaux. L'on sait aujourd'hui qu'ils avaient tout disposé dans le Cameroun en vue de la guerre avant même 1914[2], et l'on a appris que par un procédé qui leur est familier, ils avaient, dès la fin de 1913, préparé une insurrection indigène dans les provinces occidentales

---

1. Voir : Camille Fidel, L'emprise allemande sur l'Afrique équatoriale et centrale (*Revue des Questions coloniales et maritimes*, mars 1914); du même, *L'Allemagne d'outre-mer. Grandeur et décadence* (Paris, Boivin, 1915); Pierre Alype, *La provocation allemande aux colonies* (Paris, Berger-Levrault, 1915).

2. La conquête du Cameroun et la neutralité du Congo (*L'Afrique française*, mars 1916, p. 61-66).

du Congo belge[1], espérant en profiter pour prendre de nouvelles positions. Les ambitions de l'Allemagne ne cessaient donc de menacer gravement l'Afrique Équatoriale Française quand le kaiser déchaîna la guerre; elles furent heureusement déçues par la conquête du Cameroun effectuée par les troupes françaises et anglaises, avec la coopération de contingents belges.

Au début des hostilités, M. le gouverneur général Merlin se trouvait en France, occupé à préparer l'exécution de l'emprunt de l'Afrique Équatoriale. M. le gouverneur Estèbe, chargé de l'intérim, s'entendit avec le général Aymerich, commandant supérieur des troupes, pour engager immédiatement des opérations du côté de l'Oubangui et de la Sangha. Deux colonnes furent constituées : l'une, la colonne Hutin, fut envoyée sur la Sangha; l'autre, la colonne Morisson, sur la Lobaye. Elles visaient par conséquent les deux antennes, que la France devait s'efforcer de reprendre au plus tôt.

Dès le 6 août 1914, un navire français s'empara du poste allemand de Bonga, au confluent de la Sangha et du Congo, à l'extrémité de l'antenne territoriale sud. Deux jours après, une compagnie venue de Bangui occupa l'important seuil de Zinga, situé à la pointe de l'antenne nord, que les Allemands nous disputaient. Le 12 août, la colonne dirigée vers la Lobaye, prit M'Baïki, à l'intérieur de cette même antenne. Le lieutenant-colonel Hutin, dans l'antenne sud, força les Allemands, le 29 août, à évacuer Ouesso, au confluent de la N'Goko et de la Sangha. Les forces allemandes furent rejetées loin vers le nord, de sorte que sur toute leur profondeur, les antennes se trouvèrent déblayées. Sur la côte, les troupes allemandes furent aussi délogées, en septembre, du poste de Cocobeach situé près de l'embouchure du rio Mouni, ce qui nous faisait prendre pied également ment sur le territoire annexé du sud.

Nous ne pouvons suivre dans tout le détail des opérations la glorieuse conquête du Cameroun[2], mais nous tenions à montrer, en rappelant ces débuts, avec quelle rapidité on avait su agir sur les différentes parties du territoire perdu par nous en 1911. Au début

1. Henri Lorin, L'avant-guerre allemande au Cameroun (*La Dépêche coloniale*, 27 juin 1916).

2. On trouvera le détail des opérations dans *L'Afrique française*, 1915 et 1916; voir notamment dans le *Bulletin* de juin 1916 (p. 187-225) : Le rôle des colonnes françaises dans la campagne du Cameroun (1914-1916), par Henri Maillier.

de 1915, nous en avions repris la plus grande partie. Ce fut en février 1916 que la conquête du Cameroun s'acheva et que son ancien gouverneur, Ebermaier, annonça à son gouvernement qu'il avait évacué la colonie.

La conquête du Cameroun par les troupes franco-britanniques eut pour suite naturelle, la conclusion d'un accord entre les gouvernements français et anglais, signé à Londres le 4 mars 1916 qui règle les conditions de l'administration provisoire des territoires de la colonie allemande[1]. Aux termes de cet accord, l'administration des territoires du Bornou et de la zone contiguë à la Nigéria jusqu'à la côte de l'Océan, a été confiée à l'Angleterre. Tous les autres ont été laissés à l'administration française. Parmi ceux-ci, une distinction a été faite. Les territoires de l'Afrique Équatoriale Française, qui avaient été cédés à l'Allemagne en 1911, ont été par décret du 7 avril 1916[2] replacés sous l'administration de M. Merlin, gouverneur général, agissant en qualité de commissaire de la République pour les dits territoires. Quant à la partie du vieux Cameroun dévolue à la France, son administration fut confiée par le même décret au général Aymerich, comme commissaire de la République, puis par décret du 5 septembre 1916 au gouverneur Lucien Fourneau, qui s'était signalé par sa valeur comme administrateur et qui en qualité d'officier, avait brillamment pris part à la campagne du Cameroun et avait été grièvement blessé.

La colonie de l'Afrique Équatoriale Française avait grandement contribué à cette magnifique victoire par l'énergie de ses troupes et de ses administrateurs ; M. Merlin qui était rentré à Brazzaville depuis le 14 septembre 1914, a dans son discours d'ouverture de la session de janvier 1916 tenue par la Commission permanente, rendu un juste hommage aux hautes qualités des chefs qui ont conduit si brillamment les opérations de cette rude campagne du Cameroun[3], et il convient d'ajouter qu'il a eu lui aussi sa part personnelle dans le succès par les mesures efficaces qu'il a prises.

Les colonnes qui ont opéré dans le Cameroun comprenaient

---

1. *Journal officiel de l'Afrique Équatoriale Française*, 1er avril 1916, p. 113; The administration of the Cameroons and Togoland (*The Geographical Journal*, novembre 1916, p. 406).
2. *Journal officiel*, 8 avril 1916, p. 2923.
3. *Journal officiel de l'A. E. F.*, 15 janvier 1916, p. 18.

beaucoup de tirailleurs envoyés d'Afrique Occidentale. Quant à l'Afrique Équatoriale, elle n'avait pu fournir aux contingents indigènes qu'un appoint limité, bien que des dispositions aient été prises pour obtenir des engagements volontaires. C'est que beaucoup des populations de l'Afrique Équatoriale sont encore très peu civilisées, et il en est qui, récemment soumises, n'étaient pas encore assez assimilées pour nous fournir des troupes.

On estime que l'Afrique Équatoriale peut compter environ 10 millions d'habitants ; ils se répartissent en peuplades de races diverses, dont il est difficile de déterminer le nombre exact et les rapports de parenté[1]. Parmi ces indigènes, il faut surtout distinguer deux catégories très dissemblables, les peuplades fétichistes et les peuplades musulmanes. C'est sur les premières, quoique plus primitives et plus sauvages, souvent même anthropophages, que le Blanc exerce le plus fort ascendant. Les peuples musulmans représentent au contraire une communauté plus difficile à rapprocher de nous. Au moment de l'entrée en lutte de la Turquie, M. Merlin a lancé une vigoureuse proclamation, au nom du gouvernement général, aux musulmans habitant les territoires s'étendant depuis la mer jusqu'aux confins de l'Égypte et de la Régence de Tripoli, où il montre en termes indignés combien il réprouve l'Empire ottoman d'avoir sacrifié à l'Allemagne les intérêts de l'Islam et où il met en opposition l'attitude de la France, qui a partout respecté la religion de Mahomet et apporté la sécurité aux musulmans dans leur personne et dans leurs biens[2]. Quoi qu'il en soit de ces populations diverses, elles sont demeurées calmes à peu près partout depuis la guerre. Il a fallu seulement, dans le Ouadaï, réprimer la révolte du sultan du Dar-Sila, qui s'est trouvée coïncider avec le soulèvement du Darfour anglais.

De même qu'en Afrique Occidentale, il convenait d'inaugurer en Afrique Équatoriale, vis-à-vis de ces populations diverses, une politique d'assistance et d'éducation qui, en même temps qu'elle était humaine, devait préparer des auxiliaires indispensables à notre colonisation. Cette tâche ne put guère être entreprise que du jour où fut organisé le Congo français sous l'administration d'un commissaire

---

1. Cureau, Notes sur l'Afrique Équatoriale, 2ᵉ partie : Ethnographie (*Revue générale des Sciences pures et appliquées*, 15 juillet 1901, p. 598); Fernand Rouget, *L'expansion coloniale au Congo français*, p. 338-419.

2. *Journal officiel de l'A. E. F.*, 15 novembre 1914, p. 441.

général, et M. Merlin poursuivit ensuite cette œuvre comme gouverneur général de la façon la plus active et avec succès [1].

Le nombre des médecins fut augmenté dans la colonie, des formations sanitaires furent constituées, un hôpital fut construit à Brazzaville et des infirmeries furent installées dans les principaux centres. Une circulaire du 15 juin 1909 et un arrêté du 23 du même mois modifié par un autre arrêté du 29 août 1910, ont édicté des mesures contre la propagation de la maladie du sommeil. Des mesures d'hygiène furent prescrites pour combattre la variole qui décimait certaines populations, et la vaccination fut rendue obligatoire. On s'est justement préoccupé aussi de chercher à restreindre l'usage de l'alcool chez les indigènes.

Au point de vue de l'enseignement, une école professionnelle indigène fut créée à Brazzaville pour former des ouvriers; d'autres existent à Libreville, à Bangui, à Mobaye. Des écoles primaires furent ouvertes. Rappelons aussi l'organisation de la justice indigène, institution qui était des plus heureuses tant dans l'intérêt de notre domination que dans celui des indigènes; prévue par les décrets du 17 mars 1903 et du 11 février 1906, elle a été réalisée par le décret du 12 mai 1910.

*
* *

L'organisation administrative de l'ancien Congo devenu l'Afrique Équatoriale Française, a suivi une longue évolution qui a été en correspondance avec les progrès de notre influence [2]. La colonie comprend aujourd'hui quatre circonscriptions distinctes placées depuis 1908 sous la haute direction politique et administrative d'un gouverneur général : 1° le Gabon; 2° le Moyen-Congo; 3° l'Oubangui-Chari; 4° le Territoire du Tchad. Les trois premières sont des colonies placées chacune sous l'autorité d'un lieutenant-gouverneur; la quatrième, qualifiée de territoire, tout en jouissant d'une certaine

---

1. Jean Peyraud, La protection de l'indigène en A. É. F. (*Le Courrier colonial,* 10 mars 1914). — Ce numéro, entièrement consacré à la question, traite spécialement du régime de l'alcool, de la maladie du sommeil et de la variole.

2. J. Goulven, *L'Afrique Équatoriale Française (ancien Congo français). Son organisation administrative, judiciaire, financière* (Paris, E. Larose, 1911); André Servel, *L'organisation administrative et financière de l'Afrique Équatoriale Française* (Paris, E. Larose, 1912).

autonomie administrative, n'a jamais constitué une division du même ordre.

Le Territoire du Tchad, alors appelé Territoire militaire du Tchad, avait d'abord été confié à l'administration de l'officier commandant les troupes, qui relevait à ce titre du lieutenant-gouverneur de l'Oubangui-Chari. Plus tard, une transformation importante du territoire avait été projetée. Par suite de l'extension de notre action administrative jusqu'aux confins septentrionaux de la zone d'influence française dans le Sahara oriental, et afin de créer dans cette région une unité de direction nécessaire tant au point de vue militaire qu'au point de vue administratif, il parut utile de réunir en un seul groupement toute la région s'étendant du lac Tchad aux confins de la Tripolitaine et de la Libye, entre la frontière sud-algérienne et le Darfour, région qui, jusqu'à ce jour, relevait en partie de l'Afrique Occidentale et de l'Afrique Équatoriale. La création de cette circonscription nouvelle, qui devait constituer provisoirement une marche militaire sous le nom de « Territoire du Centre Africain », fut décidée par un décret du 30 juin 1914, mais sa mise à exécution fut ajournée par un nouveau décret du 24 novembre de la même année, à raison de la guerre. Les choses furent laissées en l'état, mais un décret du 14 mai 1915 est venu ensuite décider que le Territoire du Tchad pourrait être administré soit par un fonctionnaire civil, soit par le commandant des troupes ; M. l'administrateur en chef Merlet fut appelé à cette fonction en remplacement du général Largeau. Mais l'administrateur, quel qu'il soit, relevait toujours du lieutenant-gouverneur de l'Oubangui-Chari ; cette disposition présentait l'inconvénient d'occasionner des retards dans les relations du chef du territoire avec le gouverneur général de l'Afrique Équatoriale, et il a été très sagement décidé par un décret du 12 avril 1916, que l'administrateur de la circonscription relèverait directement du gouverneur général. Un autre décret, en date du 11 août 1916, a complété le précédent en donnant au service du Trésor de la circonscription son autonomie complète.

Le gouverneur général, qui réside à Brazzaville, est le dépositaire des pouvoirs de la République dans les colonies et le territoire qui constituent ensemble l'Afrique Équatoriale. Seul, il correspond avec le gouvernement ; il a sous sa haute direction tous les services civils et militaires. Il est assisté d'un secrétaire général, ayant rang de gouverneur et d'un Conseil de gouvernement. Le secrétaire général peut remplacer par intérim le gouverneur général. Le Conseil de gouvernement, qui se réunit sur la convocation du gouverneur général, a au moins une session par an. Le gouverneur général arrête en Conseil de gouvernement les divers budgets et comptes de l'Afrique Équatoriale. Ce Conseil donne aussi son avis sur toutes les questions intéressant la colonie qui sont soumises à son examen par le gouverneur général. Une commission permanente du Conseil peut être appelée à donner son avis sur les affaires susceptibles d'être soumises à l'examen de celui-ci et, en cas d'urgence, cet avis peut remplacer celui du Conseil, sauf pour les budgets et taxes. Mais, en raison des difficultés existant, depuis la guerre, pour les gouverneurs de laisser le chef-lieu de leur colonie, et de venir assister au Conseil où étaient ordinairement délibérés les budgets locaux, un décret du 4 décembre 1914 a qualifié la commission permanente pour remplir cette formalité administrative. Chaque lieutenant-gouverneur est également assisté dans sa colonie d'un conseil d'administration qu'il doit aussi obligatoirement consulter pour l'établissement des budgets et comptes.

En réalité, les décrets du 15 janvier 1910, auxquels est due la réorganisation du Congo français, avaient introduit dans la colonie nouvelle de l'Afrique Équatoriale la même politique de décentralisation qui avait si bien réussi dans l'Afrique Occidentale Française. Conjointement à l'organisation politique, l'organisation financière de l'ancien Congo avait été établie aussi sur les mêmes bases que dans la grande colonie française voisine. Ses caractères sont fort bien résumés par M. Charles Humbert en ces termes [1] : « Concentration dans le budget général alimenté par les impôts indirects, de toutes les dépenses d'intérêt général, — affectation des ressources de l'impôt direct aux budgets locaux des colonies particulières du groupe, chargés de faire face aux dépenses d'administration, de police et d'intérêt local. » Mais l'Afrique Équatoriale a toujours eu des ressources moindres que l'Afrique Occidentale et trop faibles pour la grande tâche qu'elle avait à accomplir.

1. Charles Humbert, *L'Œuvre française aux colonies*, p. 74.

Dans les débuts de son existence comme unité coloniale, le Congo français n'avait pu équilibrer régulièrement son budget général; les déficits annuels avaient dû être couverts par la caisse de réserve qui fut entièrement épuisée. Ce fut l'introduction du principe de la décentralisation dans l'organisme financier de l'Afrique Équatoriale qui amena les budgets à avoir un fonctionnement normal. En même temps, l'étendue plus grande des régions administrées permit d'accroître l'impôt de capitation. L'ensemble des budgets, qui n'atteignait en 1908 que 7,900,000 francs, se totalisait à 12,900,000 francs avant l'accord franco-allemand de 1911 et à 13,500,000 francs en 1913 En conséquence, des sommes importantes purent être replacées dans la caisse de réserve[1].

C'est cette amélioration qui s'était produite avant la guerre dans l'état des budgets de la colonie qui permit à celle-ci, malgré de sérieuses difficultés, de se ressentir moins fortement de la crise qu'elle traversait. Malheureusement, comme l'Afrique Équatoriale tire la part la plus notable de ses revenus des droits d'importation et d'exportation, on comprend quelle perte elle a pu subir par suite de la perturbation des services des transports sur mer. Tandis que les recettes douanières de la colonie avaient atteint, en 1913, un total de 4,257,590 francs, elles ne dépassèrent pas 2,490,400 francs en 1915[2]. Les budgets locaux n'avaient pas pu, d'autre part, recouvrer la totalité de l'impôt de capitation. Aussi le compte définitif des recettes de l'exercice 1914 se solda-t-il par un déficit qui put, d'ailleurs, être prélevé sur la caisse de réserve.

Mais, dès le mois d'août 1914, en prévision de cette éventualité, l'administration de la colonie s'était efforcée de supprimer toute dépense non indispensable et de restreindre toutes les autres. C'est grâce à cette politique d'économies, résolument poursuivie, que la colonie, « surprise par la guerre en pleine transformation, dit M. le gouverneur général Merlin, obligée de pourvoir aussitôt à la défense de ses frontières et pour cela de dégarnir de troupes la presque tota-

---

1. Communication de M. Merlin (*L'Afrique française*, 1913, p. 53).

2. Un rapport très documenté de M. Ceccaldi, député, auquel nous empruntons ces chiffres et qui concerne le budget de l'Afrique Équatoriale, donne des détails très intéressants sur la situation financière de la colonie et de très utiles considérations sur les mesures qu'il conviendrait d'y introduire : Chambre des députés (session de 1916). Rapport Ceccaldi, n° 2136. (Annexe au procès-verbal de la séance du 13 mai 1916.)

lité d'un pays récemment occupé, astreinte à exercer une surveillance attentive sur ses confins du Nord où fermentent encore les agitations senoussistes, n'en a pas moins réussi à maintenir la vie économique sur toute l'étendue de son territoire, à pourvoir à tous les besoins financiers par ses propres moyens et par ses réserves, sans être obligée de faire appel au concours de la métropole[1]. »

L'équilibre des budgets n'avait donc pu s'établir qu'en les resserrant de plus en plus. Le budget général qui atteignait 6,400,000 francs en 1914, et qui, en 1915, était encore de 4,070,000 francs, fut arrêté pour 1916 à la somme de 3,690,000 francs, ce qui constituait une diminution de 2,710,000 francs par rapport à celui de 1914 et de 380,000 francs par rapport à celui de 1915. L'ensemble des budgets locaux avait subi une moindre diminution. Leur total, pour 1916, était de 7,773,680 francs. Le budget du Gabon, de 1,990,000 francs, était en diminution de 310,000 francs par rapport à 1914 et de 115,000 par rapport à 1915. Celui du Moyen-Congo, de 1,968,680 francs en 1916, était en diminution de 258,500 francs par rapport à 1914 et de 167,820 francs par rapport à 1915. Mais, par contre, les budgets de l'Oubangui-Chari et du Territoire du Tchad ont présenté, pour 1916, un accroissement de dépenses, tenant à ce que, pour compenser la réduction des effectifs militaires prenant part aux opérations du Cameroun, il avait fallu augmenter les forces de la garde régionale. Le chiffre des dépenses avait été porté, en 1916, à 1,915,000 francs pour l'Oubangui-Chari au lieu de 1,854,000 francs en 1914, et pour le Territoire du Tchad à 1,900,000 francs au lieu de 1,464,700 francs en 1914[2].

Certes, on peut compter qu'à l'issue de la guerre, les transports par mer n'étant plus entravés et la vie économique reprenant un nouvel essor, les budgets de la colonie verront s'accroître leurs sources de recettes. Mais pour assurer à la colonie toutes ses ressources financières possibles et toute sa vitalité, il est une mesure qui s'impose au premier chef; elle consiste à rendre définitivement

1. Discours prononcé par M. Merlin à la session ordinaire de janvier 1916, du Conseil de gouvernement, devant la Commission permanente (*Journal officiel de l'A. É. F.*, 15 janvier 1916, p. 17). — On peut se reporter aussi à un article très précis de M. Louis Desbrochais : Politique d'économies en A. É. F. (*Le Courrier colonial*, 20 octobre 1916).

2. Décret du 8 juin 1916, approuvant les budgets pour l'année 1916 (*Journal officiel de l'A. E. F.*, 15 août 1916, p. 226).

aux colonies comprises dans le Bassin conventionnel du Congo le droit d'établir librement leurs tarifs fiscaux. L'Acte de Berlin, œuvre de Bismarck, conclu dans l'intérêt des commerçants allemands, et la Déclaration de Bruxelles qui y apportait un tempérament étant des traités rompus par la guerre, il importera de soustraire désormais les possessions qu'ils visent à des régimes d'exception que rien ne légitime. Le Gabon ayant été placé par la loi du 11 janvier 1892 au nombre des possessions françaises où s'applique le tarif douanier métropolitain, il conviendra en même temps de supprimer cette exception qui ne se justifiait pas pour lui et de créer un régime unique pour toute l'Afrique Équatoriale désormais maîtresse de ses tarifs[1].

⁎

Vaste colonie d'une superficie de près de 2 millions de kilomètres carrés en y comprenant les territoires cédés en 1911 à l'Allemagne, l'Afrique Équatoriale Française s'étend du bassin inférieur du Congo au sud jusqu'au delà du lac Tchad, aux confins de la Tripolitaine et de la Libye, au nord, et elle présente sur toute cette longueur une configuration très irrégulière. Elle est constituée par la réunion de deux blocs distincts, au sud une partie du bassin du Congo, au nord le bassin du Chari, et c'est dans la partie septentrionale de la première, dans le Moyen-Congo, que la convention de 1911 avait établi deux coupures. On comprend que l'on rencontre dans une telle colonie des aspects très dissemblables et des climats variés, depuis la forêt équatoriale gabonaise, presque impénétrable, jusqu'en plein Sahara. Le climat équatorial, toujours humide, est en opposition marquée avec le climat saharien, toujours sec, où la température et la pression présentent de grandes variations. Dans les régions intermédiaires, le climat présente pendant la saison sèche les mêmes caractères qu'au Sahara et pendant la saison de pluies, il se rapproche du climat équatorial[2]. La zone côtière et les régions alluvionnaires

---

1. Charles Humbert, *L'Œuvre française aux colonies*, p. 46 et suiv.; Fédération intercoloniale, 17, rue d'Anjou, Paris. *Le Régime douanier colonial et la guerre.* Rapport présenté par M. Pierre Pégard, secrétaire (Coulommiers, Impr. Des saint, 1916).

2. R. Chudeau, Le climat de l'Afrique occidentale et équatoriale (*Annales de Géographie*, 15 novembre 1916, p. 429-462).

sont plus malsaines que les contrées élevées de l'intérieur. Mais si le Congo n'est pas un pays où les Européens peuvent s'acclimater entièrement, ils peuvent y prolonger leur séjour en observant toutes les règles d'hygiène nécessaires et ce serait une grosse erreur de croire que l'Afrique Équatoriale ne puisse être mise en valeur comme étant trop insalubre.

La colonie doit à sa situation équatoriale des richesses considérables, mais elles varient nécessairement selon les conditions physiques des diverses régions. Les végétaux utiles sont nombreux et abondants [1], et la plupart des populations cultivent des produits d'alimentation. L'agriculture présente un avenir beaucoup plus important qu'on ne l'a cru longtemps, à condition de savoir utiliser la main d'œuvre indigène.

Le Gabon est la région où s'étend la forêt équatoriale, qui renferme des arbres de haute taille sous le couvert desquels poussent palmiers et bambous et s'enchevêtrent les lianes. Mais il y a aussi des zones dégagées où l'on cultive le manioc surtout, puis le bananier et le maïs. A la forêt équatoriale succède au nord la zone guinéenne, caractérisée par des savanes, pays riche en lianes à caoutchouc et où l'on trouve un caféier sauvage. A partir du 8e parallèle, on entre dans la zone soudanienne où les cultures sont très développées : sorgho, dolique, arachide, pois, sésame, etc. La zone sahélienne qui lui succède, entre les 10e et 13e degrés, formant transition entre les contrées tropicales et le Sahara, donne surtout du sésame et des arachides ; on y cultive des légumes variés et l'on y trouve aussi du coton et de l'indigo. A partir du Kanem, on entre déjà dans le pays saharien.

L'agriculture est donc loin d'être négligeable dans l'Afrique Équatoriale. C'est ce qu'a d'ailleurs fort justement compris M. Guyon, gouverneur du Gabon, qui depuis le début des hostilités a fait un remarquable effort pour compenser par cette ressource la stagnation fatale éprouvée par la colonie par suite de la difficulté des relations maritimes et de l'arrêt de l'exportation des bois [2]. On a encouragé et

---

1. On peut être documenté sur cette question par les nombreux et savants travaux de M. Aug. Chevalier, énumérés dans la *Bibliographie* de Georges Bruel, et par l'ouvrage de M. le professeur Em. Perrot, *Les grands produits végétaux des colonies françaises* (Paris, Em. Larose, 1913).

2. Em. Perrot, L'agriculture au Gabon depuis la guerre (*La Dépêche coloniale*, 31 octobre 1916).

réorganisé les cultures indigènes, et d'énormes quantités de plants ont été distribuées; il a été reconnu que le cacaoyer pouvait réussir en de nombreux endroits, et la culture du caféier et du palmier à huile a été propagée. Il faut espérer que l'on ne s'arrêtera pas dans cette excellente voie.

Mais la richesse la plus considérable d'ordre végétal qu'offre l'Afrique Équatoriale, ce sont les bois, car les forêts couvrent dans la colonie une superficie que M. Chevalier a estimée à 300,000 kilomètres carrés; les essences sont très variées et dans ces forêts on trouve aussi en abondance le caoutchouc, les palmiers à huile, la gomme copal, les essences susceptibles de fournir de la pâte à papier.

Les animaux domestiques sont à compter aussi parmi les ressources du pays, mais par suite de la présence de la mouche tsé-tsé, l'élevage des bœufs et des chevaux ne peut être pratiqué qu'au nord du 9ᵉ parallèle. Au Ouadaï, on élève en grand nombre des bœufs, des moutons, des chèvres, des ânes, des chameaux; au nord du Baguirmi, s'ajoutent les autruches. Les troupeaux d'éléphants sont malheureusement aujourd'hui très clairsemés faute d'une réglementation rigoureuse de la chasse.

Enfin l'une des richesses les plus importantes de l'Afrique Équatoriale, encore insuffisamment étudiée et trop peu exploitée là où elle devrait l'être, ce sont les produits du sous-sol. Le fer se rencontre un peu partout dans la colonie sous des formes diverses, et il est exploité par les tribus du Haut-Oubangui et du Haut-Chari. Il existe dans le Moyen-Congo une vaste région cuprifère, depuis longtemps connue des indigènes, qui est aujourd'hui mise en valeur par la Société minière de Mindouli et dont le centre principal est M'Boko Songho [1]. Le zinc, le plomb et l'argent se trouvent principalement associés au cuivre, au fer, au manganèse, mais l'or paraît rare et n'a été signalé que dans le bassin de la Nyanga. Le sel existe sur quelques points et près du Bahr-el-Ghazal et du Tchad, on rencontre du carbonate de soude ou natron.

Si la colonie n'a pas tiré parti autant qu'elle l'aurait pu de ces richesses diverses et est demeurée dans un état de stagnation

---

1. Cette région a été particulièrement explorée et étudiée par l'ingénieur J.-M. Bel.

prolongé, c'est principalement parce que son outillage économique n'avait pas été créé en temps voulu, mais une autre entrave s'était trouvée apportée aussi à son évolution, c'est le système des grandes concessions, auquel il a déjà pu être paré dans une large mesure [1].

A peu près tous les territoires utilisables, environ 81 millions d'hectares, avaient été immobilisés en 1899 aux mains de 42 sociétés qui se bornèrent à profiter de leur monopole pour faire un commerce de pure exploitation sans aucun souci de l'avenir et sans fonder à aucun point de vue la vie économique du pays; elles n'obtinrent d'ailleurs pour elles-mêmes que de très médiocres résultats en même temps que leur présence supprimait toute initiative nouvelle et toute concurrence commerciale.

Ce fut un des très grands mérites de M. le gouverneur général Merlin que d'avoir travaillé avec la plus louable persévérance, malgré les difficultés de toute nature qu'il rencontrait, à diminuer les désastreuses conséquences de ce système néfaste, et c'est avec une habileté et un tact dignes d'éloges qu'il sut parvenir à restreindre les privilèges des sociétés concessionnaires. De 32 sociétés datant de 1899 qui subsistaient encore en 1910, le chiffre put, à la suite de négociations, être ramené à 17, et plus tard à 12 seulement. Plus de 31 millions d'hectares étaient rendus au domaine public, et l'on peut envisager le moment où le régime concessionnaire primitif, de plus en plus atténué dans ses conséquences, cessera de peser sur les destinées de la colonie.

Dans ces conditions, voyons maintenant quelle a été la situation commerciale de la colonie avant la guerre et quelle influence elle en a ressentie. On avait pu constater un accroissement notable du chiffre du commerce dès le début de 1910. Tandis qu'il n'était que de 5,500,000 francs en 1892, il passa à une moyenne de 11,450,000 francs pour la période décennale suivante et de 28,200,000 francs pour celle de 1903 à 1911. Après être monté, en 1913, à 57,668,751 francs, le commerce tomba à 27,947,213 francs en 1914 et à 22,224,912 francs en 1915 [2].

---

1. Charles Humbert, *L'Œuvre française aux colonies*, p. 49 et suiv.
2. Nous empruntons ces chiffres et les suivants aux publications de l'Office colonial.

Il est à noter que le fléchissement du commerce en Afrique Équatoriale, depuis la guerre, est dû surtout à la baisse subite des exportations de bois du Gabon; de 150,688 tonnes en 1913, elles sont passées à 25,000 en 1915. Mais, d'autre part, les sorties de certains produits, comme caoutchouc, ivoire, matières oléagineuses, ont sur la totalité peu diminué ou sont restées à peu près constantes. Nécessairement, la baisse totale des exportations a eu sa répercussion sur les importations. Les chiffres, qui avaient été en 1913 de 21 millions de francs pour les importations et de 36 pour les exportations, sont devenus respectivement, 8,201,984 et 14,022,928, en 1915.

Pour le Gabon en particulier, le chiffre total a forcément beaucoup décru. Le commerce général qui avait été de 24,339,029 francs en 1913, est tombé à 15,616,185 francs en 1914 et à 5,734,957 francs en 1915. Sur ce dernier chiffre, la part des importations a été de 3,160,005 francs et celle des exportations de 2,574,952 francs seulement. Durant le 1er trimestre 1916, le mouvement du commerce général du Gabon a atteint un total de 1,678,170 francs, et durant le deuxième semestre 1,575,982 francs, ce qui marque un relèvement.

Le mouvement commercial du Moyen-Congo et de l'Oubangui-Chari-Tchad, qui atteignait en 1913, 33,507,871 francs, s'est tout à coup abaissé en 1914 à 12,331,028 francs, puis est remonté en 1915 à 16,505,650 francs. Les exportations de caoutchouc et de copal ont fortement augmenté en 1915, ainsi que celles des amandes et huiles de palmes. L'exercice 1916 s'annonce déjà par des excédents pour les deux premiers trimestres.

Les efforts poursuivis depuis la guerre pour obtenir une mise en valeur plus intense du pays et les résultats obtenus témoignent des ressources de la colonie et permettent d'espérer qu'au retour de la paix, elle entrera dans une ère de prospérité toute nouvelle, à la condition que toutes les mesures nécessaires soient prises à temps.

Ce qu'il importe notamment, c'est de persévérer dans cette voie, dans laquelle on est déjà si heureusement entré et qui consiste à développer et à améliorer les cultures que le pays comporte, caoutchouc, coton, raphia, palmistes, café, cacao, tabacs, etc., l'agriculture étant de toutes les forces productives d'une contrée la plus solide et la plus durable. Ce qu'il faut aussi, c'est assurer une exploitation méthodique et rationnelle des richesses forestières ; c'est fournir aux producteurs des moyens de transport suffisants, des débouchés réguliers et durables et de la main-d'œuvre[1]. De même, s'impose la mise en valeur plus complète de tous les gisements miniers que la colonie possède et c'est encore du même outillage que l'on a besoin.

En ce qui concerne le commerce, une grave difficulté résulte de la rupture des relations commerciales avec les puissances ennemies. Les plus importants des produits de l'Afrique Équatoriale, bois, caoutchouc, textiles, palmistes, entre autres, avaient pris une place considérable sur les marchés austro-allemands[2]. Ce à quoi il faut arriver aujourd'hui, c'est à récupérer cette perte en attirant le plus possible ces marchandises vers la métropole, de façon à leur ouvrir des débouchés vraiment nationaux, mais aussi en les amenant vers les marchés alliés, ou encore en créant une importation directe dans les pays tributaires des marchés allemands. C'est une œuvre dont on se préoccupe avec raison et à laquelle il est nécessaire de s'appliquer activement.

Pour développer la production et en même temps le commerce, une première condition est nécessaire, c'est d'avoir à sa disposition une main-d'œuvre suffisante. Dans un pays qui ne peut, à raison de son climat, devenir une colonie de peuplement, il faut réglementer le travail de l'indigène, et afin de pouvoir compter sur sa coopération et son activité, il faut continuer à pratiquer à son égard une politique d'acclimatement et de protection ; il faut se l'attacher, le défendre contre la maladie, l'instruire en multipliant les écoles primaires et professionnelles.

Enfin, ce qu'il faudra assurer à la colonie, ce sont des voies de communication. Il y aura lieu d'améliorer le système routier pour diminuer le portage; mais surtout l'on devra s'efforcer, après la guerre, de réaliser le plus tôt possible l'emprunt de 171 millions destiné à des constructions de chemins de fer, à des aménagements de ports,

---

1. Union coloniale française, 17, rue d'Anjou, Paris. *L'Exploitation forestière en Afrique Équatoriale Française*. Note présentée à la section de l'Afrique Équatoriale, par M. Du Vivier de Streel, président de la section (Coulommiers, Impr. Dessaint, 1916).

2. Ministère des Colonies. Office colonial. *L'Afrique Équatoriale Française et le commerce austro-allemand*, par M. Fernand Rouget, Melun, 1916, 4 brochures parues : I. *Les Bois*; II. *Le Caoutchouc*; III. *Les Textiles*; IV. *Les Palmistes*.

de rades et de cours d'eau navigables, à des installations d'occupation et des achats de matériel, cet outillage économique si longtemps attendu étant indispensable pour la complète mise en valeur de la colonie. Il faut tenir compte aussi que le programme d'établissement de grandes lignes de communication, par voies ferrées ou par les fleuves, qui d'ailleurs avait été fort bien conçu, est susceptible de recevoir désormais de très favorables modifications et d'utiles compléments, grâce à la vaste part des territoires de la colonie allemande du Cameroun, aujourd'hui conquise, qui sera définitivement dévolue au domaine de la France.

GUSTAVE REGELSPERGER.

9 782019 921514